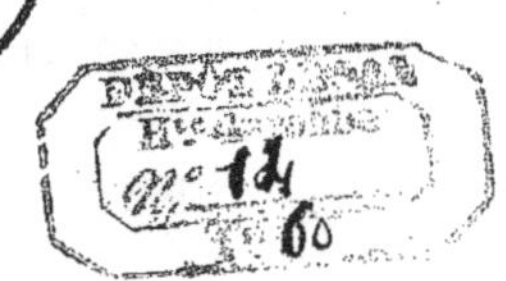

# THÈSE

DE

# LICENCE.

# ACTE PUBLIC

POUR

# LA LICENCE

En exécution de l'Article 4, Titre 2, de la Loi du 22 Ventôse an XII.

SOUTENU

## Par M. CASAMAYOR-DUFAUR ( Auguste ),

Né à Oloron-Sainte-Marie ( Basses-Pyrénées ).

**TOULOUSE,**

**Typographie Troyes OUVRIERS REUNIS,**
Rue Saint-Pantaléon, 5.

**1860.**

**A LA MÉMOIRE DE MON PÈRE,**

Regrets éternels !

---

**A MA MÈRE,**

Amour sans bornes.

---

**A MON FRÈRE,**

Amitié et Reconnaissance.

---

**A MES PARENTS, A MES AMIS.**

# Jus Romanum.

—



## De contrahenda emptione-venditione.

Emptio-venditio est contractus quo alter alteri rem pro dominio habere licere præstaturum se promittit, alter alteri pretium dare vicissim obligatur.

Ex contractuum numero est emptio-venditio qui solo consensu perticiuntur. Obligationem ultrò citròque producit. Neque præsentia neque scriptura omnimodo opus est, sed sufficit eos qui negotium gerunt consentire ; inter absentes, per nuntium, vel per litteras contrahi potest. Est autem juris gentium emptio-venditio.

Origo emendi vendendique à permutationibus cæpit ; olim enim non ità erat nummus (1). Posteà electa est materia, quæ percussa publica-

(1) Paulus.

que pecuniam nomen habuit : tum res pro nummis traditas *merx* ap-
pellare cæperunt, pretiumque nummos per quos acquisitæ fuerant :
*consensus*, quo peragitur emptio, versatus fuit circà mercem et pretium.
Tria igitur substantiam emptionis-venditionis contractus constituunt,
scilicet merx aut res quæ veneat, pretium quo pro eâ re constituatur,
consensus super re et pretio, de quibus disserendum est.


## De re.


Nec emptio sine re quæ veneat potest intelligi (1).

Venditio rectè fit omnium rerum quas quis habere, vel possidere, vel
persequi potest; quin etiam rem alienam distrahere quem posse nulla
dubitatio est ; quas verò natura, vel gentium jus, vel mores civitatis
commercio exuerunt, earum nulla venditio est. Jura tanquam res cor-
porales vendi possunt, sic venditur ususfructus. Idoneæ quoque sunt
emptionibus res sive jam exstent, sive tantùm sperentur, quùm quasi
alea emitur, sic piscium captus. Tunc enim spes tenet locum rei. Præter
res quarum naturâ suâ commercium non est, sunt aliæ res quas ex
bonis moribus aut legibus emere et vendere non licet.


## De pretio.


Emptio-venditio contrahitur simul atque de pretio convenerit, nàm,
*sine pretio nulla venditio non est.*

Pretium autem constitui oportet serium. Etenim scribunt Diocle-
tianus et Maximianus : si donationis causâ venditionis simulatus est
contractus, in. suâ deficit substantia.


(1) Pomponius.

Notandum est hanc donationem venditionis commento velatam licet non valeat ut venditio , valere ut donationem postquàm traditio secuta fuerit.

*Certum* est pretium quandò aliquid inter partes definitum videtur , putà : « centum aureos , quanti tu cum emisti ; quantum prætii in arcâ habeo. » Ità vero constitutum : « quanti velis ; quanti æquum putaveris ; quanti æstimaveris ; » minimè valere manifestum est. Si inter aliquos ità convenerit : « Ut quanti Titius rem æstimaverit , tanti sit empta , » constituit Justinianus ut staret contractus. Sin autem ille qui nominatus est pretium vel noluerit , vel non potuerit definire tunc pro nihilo esse venditionem , quasi nullo statuto pretio.

Item pretium in *numerata pecunia* consistere debet. Sed an sine nummis venditio dici possit dubitabantur inter Sabini et Proculei discipulos ? Sententia autem Justiniani meritò prævaluit dicentis permutationem propriam esse speciem contractus à venditione separatam ; nam aliud est emere , aliud vendere , aliud est pretium , aliud merx quod in permutatione discerni non potest.


## De consensu.


In hoc placitum contrahentes consentire debent ut alteri alter præstare rem obligetur , alter alteri vicissim pretium dare. Si igitur in ipsa venditione , sive in pretio , sive in quo alio dissentiant , non est emptio-venditio.

Consensus requiritur in re quæ veneat. Error quidem in qualitate substantiali rei venditæ contractum vitiat , sed non in qualitate accidentali. Non vitiat emptionem error vel dissensus quùm circà contractus accessoria versatur. Si in nomine dissentiamus , verùm de corpore constet , nulla dubitatio est quin valeat emptio.

Consensum autem vel verbis , vel scriptis partibus exprimere fas est. In his contractibus quæ scripturæ conficiuntur non aliter perfectam esse emptionem , ait Justinianus , nisi instrumenta venditionis fuerint conscripta.

### De arrhis.

Id est arrha quod antè pretium datur, et fidem facit contractus facti et totius pecuniæ solvendæ (1).

Argumentum est emptionis et venditionis quùm sine scriptura est contractus. Jure Justinianeo, qui arrhas dedit et qui eas accepit teneantur contractum perficere, ità ut si is qui dedit recuset, amittat arrhas. Si contrà recuset is qui accepit, reddat duplicatas.

### De effectu perfectæ venditionis.

Venditor cogitur dominium rei venditæ emptori transferre, id est traditione ; nam per seipsam venditio dominium rei non transfert. Tametsi adhùc ea res tradita non sit emptori, periculum venditæ rei statìm ad illum pertinet. Si res fortuitò perit, id est sine culpâ venditoris, ab illo solvendum est pretium. — Emptor invicem, si post emptionem aliquid fundo per alluvionem accessit, ad illius commodum accessit ; nam et commodum ejus esse debet cujus periculum est. Venditor itaque rem salvare debet ut paterfamilias, et omne quod suâ culpâ accidit, illi periculo est.

### De actionibus.

Duplex oritur actio ex contractu emptionis : actio empti vel ex empto quæ emptori competit ; actio venditi vel ex vendito quæ competit venditori.

_________

(1) Cujacius.

# POSITIONES.

I. Si quid arrharum nomine fuerit datum , num ideò , venditio planè perfecta habebitur? -- Nego.

II. Potest-ne pretium rei , non certum , sed sub aleæ aut spei cujusdam conditione constitui? — Potest

III. Quænam apud Sabinos valuerit opinio de permutatione et venditione?

IV. Num semper pertinet ad emptorem actio quædam , quâ in venditorem utatur, si ipse emptor evictus fuerit? — Nego.

# Code Napoléon.

**De la preuve des obligations en général, et en particulier de la preuve testimoniale et des présomptions qui ne sont pas établies par la loi.**

( Art. 1315 à 1369 ).

*De la preuve des obligations et de celle du paiement.*

En principe, celui qui réclame l'exécution d'une obligation doit établir l'existence de cette obligation. Quand il a justifié sa demande, c'est à celui qui la conteste à prouver sa libération (art. 1315). Ainsi le fardeau de la preuve incombera tantôt au demandeur ( *onus probandi incumbit actori* ), tantôt au défendeur ( *reus in excipiendo fit actor* ), et cela qu'il s'agisse d'un fait positif ou négatif. S'il s'agit pourtant d'un fait négatif indéfini, la preuve en est presque impossible : *non quia negativa sed quia indefinita.*

Cela posé, examinons succinctement les diverses espèces de preuve, en traitant plus spécialement de la preuve testimoniale et des présomptions qui ne sont pas établies par la loi, et sans nous arrêter aux classifications proposées par certains auteurs, suivons sagement celle adoptée par le Code.

## SECTION Ire.

### *De la preuve littérale.*

La preuve littérale peut se faire de deux manières, ou par écrit, soit par acte authentique, soit sous seing privé, ou par les tailles.

### § 1er. — *Du titre authentique.*

L'acte authentique est celui reçu par des officiers publics ayant le droit d'instrumenter dans le lieu où l'acte a été rédigé, et avec les solennités requises ( art. 1317 ). La loi a en vue ici les actes notariés plus spécialement destinés à constater les conventions.

Il peut arriver qu'un acte ne satisfasse point à toutes ou à quelqu'une des conditions exigées pour lui conférer le caractère authentique; mais, dans ce cas, il vaudra comme écriture privée, pourvu qu'il soit signé par les parties (1318), et qu'il soit de la nature de ceux que l'on peut valablement faire sous-seing privé.

L'acte authentique fait pleine foi des conventions qu'il renferme, non-seulement entre les parties contractantes, leurs héritiers et ayants-cause (art. 1319), mais encore vis-à-vis des tiers. Et il fait foi entre les parties, leurs héritiers ou ayants-cause, même de ce qui n'y est exprimé qu'en termes énonciatifs, pourvu, toutefois, que l'énonciation ait un rapport direct à la disposition. Quant aux énonciations étrangères à la disposition, elles ne peuvent servir que d'un commencement de preuve (art. 1320).

Néanmoins l'acte authentique peut être attaqué, et son exécution sera suspendue par la mise en exécution, en cas de plainte en faux principal, ou pourra l'être provisoirement par les tribunaux, suivant les circonstances, dans le cas de faux incident civil ( art. 1319 ).

2

Les contre-lettres qui sont placées sous la rubrique *du titre authentique*, bien qu'elles soient faites le plus souvent sous-seing privé, et qui sont des actes ayant pour objet de modifier un acte ostensible, tandis qu'elles sont destinées à rester secrètes, n'ont d'effet qu'entre les parties contractantes et leurs héritiers ; mais, afin d'empêcher la fraude, la loi ne leur accorde aucune force probante vis-à-vis des tiers.

## § II. — *De l'acte sous-seing privé.*

Un simple écrit signé des parties contractantes et reconnu par celui à qui il est opposé, fait preuve comme l'acte authentique, à l'égard de ceux qui l'ont souscrit et de leurs héritiers ou ayants-cause (art. 1322).

Dans les contrats synallagmatiques, afin que chaque partie ait en ses mains une preuve de l'obligation contractée envers elle, l'acte sous-seing privé doit être fait en autant d'originaux qu'il y a d'intérêts distincts, et chaque original doit contenir la mention du nombre d'originaux qui ont été faits ; néanmoins, le défaut de cette mention ne peut être opposé par celui qui a exécuté la convention (art. 1325)

Dans un contrat unilatéral, au contraire, il ne faudra qu'un seul original, qui sera pour celui à l'égard de qui l'obligation sera contractée.

Le billet ou la promesse sous-seing privé doit être signé de celui qui les a souscrits, et, de plus, ce dernier doit y écrire de sa main, outre sa signature, un *bon* ou un *approuvé* portant en toutes lettres la somme ou la quantité de la chose, excepté dans le cas où l'acte est écrit en entier de sa main, ou s'il émane de marchands, artisans, laboureurs, vignerons, gens de journée et de service (art. 1326) ; et s'il existe une différence entre la somme portée au corps de l'acte et celle exprimée au *bon*, l'obligation, sauf preuve contraire, est présumée n'être que de la somme moindre. Pour ce qui est de la date des actes sous-seing privé, elle n'est certaine contre les tiers que du jour où ils ont été enregistrés, du jour de la mort de celui ou de l'un de ceux qui les ont souscrits, ou du jour où leur substance aura été constatée dans des actes authentiques (art. 1328).

Indépendamment des écrits ci-dessus, les registres et livres des marchands, les registres et papiers domestiques, l'écriture mise par le créancier sur un titre font foi dans certaines circonstances. Ainsi les livres des marchands font foi contre eux, mais sans que leurs énonciations puissent être divisées art. 1330). Ils ne feront point foi contre les autres personnes non marchandes ; mais entre commerçants, pour faits de commerce, le juge pourra les admettre comme moyens de preuve, si, néanmoins, ils sont tenus d'après les règles auxquels ils sont soumis (Cod. de Comm., liv. 1, tit. 11 ).

Quant aux registres et papiers domestiques, ils font foi contre celui qui les a écrits. Dans tous les cas où ils constatent la libération du débiteur, et où portant une obligation, ils contiennent la mention expresse que la note a été faite pour suppléer le titre en faveur de celui au profit duquel ils énoncent cette obligation (art. 1331 ).

Enfin, l'écriture mise par le créancier à la suite, en marge ou au dos d'un titre, fait foi, quoique non signée, ni datée par lui, lorsqu'elle établit la libération du débiteur. Il en est de même de l'écriture mise par le créancier sur le double d'un titre ou d'une quittance qui est entre les mains du débiteur ( art. 1332 ).

### § III. — *Des tailles.*

Le moyen de constatation appelé *tailles* est une espèce de preuve écrite ; aussi fait-il preuve, à quelque chiffre que s'élève la demande, entre les personnes qui sont dans l'usage de constater ainsi les fournitures qu'elles font ou qu'elles reçoivent en détail ; mais faut-il encore que les tailles soient corrélatives à leurs échantillons ; de telle sorte que si l'échantillon présentait plus ou moins de coches que la taille, le fournisseur ne pourrait réclamer que ce qui serait constaté par l'échantillon dans le premier cas, et la taille dans le second.

Si le consommateur prétendait qu'il ne doit point ou qu'il a payé, la taille présentée par le fournisseur n'aurait aucune force probante, à moins que l'échantillon ne fût aussi représenté par le consommateur, auquel cas celui-ci devrait établir sa libération.

## § IV. — *Des copies des titre.*

Nous venons d'exposer quelle foi est due aux titres authentiques ou sous-seing privé ; dans ce paragraphe, nous allons voir quelle foi la loi attache aux copies de ces titres.

La loi distingue plusieurs sortes de copies qui n'ont pas toutes la même force probante.

Une règle générale qui les domine toutes, c'est qu'elles ne font foi que de ce qui est contenu au titre original, lequel doit toujours être représenté au besoin, si toutefois il existe ; car il peut arriver qu'il n'existe plus. Dans ce cas, quelles copies feront preuve entière comme l'original lui-même ?

Ce seront : 1o les grosses ou premières expéditions ; 2o les copies qui auront été tirées par l'autorité du magistrat ; parties présentes ou dûment appelées ; 3o celles qui auront été tirées en présence des parties et de leur consentement réciproque ; toutes ces copies, en effet, offrent les plus grandes garanties de sincérité. Il en sera de même, 4o des copies qui, sans l'autorité du magistrat ou le consentement des parties et depuis la délivrance des grosses et premières expéditions, auront été tirées sur la minute de l'acte par le notaire qui l'a reçu ou un de ses successeurs, ou par des officiers publics se trouvant en cette qualité dépositaires de minutes, pourvu que ces copies soient anciennes, c'est-à-dire qu'elles aient plus de trente ans. Elles ne pourraient servir que de commencement de preuve par écrit, si leur existence était plus récente ou qu'elles n'eussent pas été tirées par les personnes que nous venons d'indiquer. — Quant aux copies de copies, elles pourront être considérées comme simples renseignements, suivant les circonstances (art. 1335.)

La transcription d'un acte sur les registres publics, c'est-à-dire au bureau de la conservation des hypothèques, où elle a lieu littéralement et de l'acte entier, mais non leur enregistrement qui ne se fait que par extrait, pourra servir de commencement de preuve par écrit sous trois conditions : 1o qu'il soit constant que toutes les minutes du notaire de l'année dans laquelle l'acte paraît avoir été fait soient perdues, ou que l'on prouve que la perte de la minute de cet acte a été faite par un accident particulier ; 2o qu'il existe un répertoire en règle du notaire constatant que l'acte a été fait à la même date ; 3o enfin qu'on ait le témoignage des personnes qui ont figuré dans l'acte comme témoins.

### § V. — *Des actes récognitifs et confirmatifs.*

Après les copies qui sont des écritures reproduisant exactement la teneur d'un acte, la loi s'occupe des actes qui, sans rapporter textuellement les termes d'un acte précédent, ont pour objet soit de reconnaître ses dispositions, soit de les confirmer ou ratifier.

L'acte récognitif peut avoir pour objet ou d'interrompre la prescription ou de prouver l'existence de l'obligation même ; nous ne devons l'envisager ici que sous ce dernier rapport.

Par une erreur empruntée à Pothier, le Code exige, pour que l'acte récognitif fasse preuve, la représentation du titre primordial, à moins que la teneur de celui-ci n'y soit spécialement relatée. Ce que l'acte récognitif contiendra de plus que l'acte primordial ou ce qui s'y trouvera de différent, n'aura aucun effet. Néanmoins le créancier pourrait être dispensé de la représentation du titre original s'il y avait plusieurs reconnaissances successives, conformes entr'elles, soutenues de la possession et dont l'une eût au moins trente ans de date. (Art. 1337).

Il arrive qu'un acte pouvant être annulé ou rescindé, les parties veuillent le confirmer ou le ratifier. L'acte confirmatif sera valable s'il contient la substance de l'obligation confirmée ou ratifiée, la mention du vice qu'on veut réparer et l'intention de le réparer. Toutefois l'exécution de l'obligation après l'époque où elle peut être confirmée ou ratifiée, par exemple par une personne majeure pour une obligation contractée durant sa minorité, emportera confirmation, ou rectification de cette obligation, enfin la confirmation, ratification ou exécution volontaire intervenue dans les conditions qui précèdent, emporte la renonciation aux moyens et exceptions qu'on pouvait faire valoir contre l'acte, sans préjudice néanmoins du droit des tiers. (Art. 1338).

Mais les règles qui précèdent recevront exception au cas d'une donation entre vifs nulle en la forme. Dans ce cas le donateur ne peut par aucun acte confirmatif réparer les vices de la donation, par la raison qu'on ne peut pas confirmer ce qui n'est pas, et qu'une donation est radicalement nulle si on n'y a pas observé les formes légales. (Art. 1339).

Mais si le donateur ne peut en aucune sorte réparer ce vice, il n'en sera pas de même de ses héritiers ou ayants-cause qui, après le décès du donateur, pourront eux la confirmer ou ratifier expressément par un acte confirmatif, ou tacitement par l'exécution volontaire qu'ils en feront. (Art. 1340).

## SECTION II.

### *De la preuve testimoniale.*

#### § 1. — *Prohibition de la preuve testimoniale.*

Dans la crainte de la subornation des témoins et de l'infidélité de leur souvenirs ou dans le but de diminuer les procès, la loi en règle générale interdit la preuve testimoniale. Mais comme il ne pouvait convenir de l'interdire d'une manière absolue, sous peine de compromettre les plus graves intérêts, hâtons-nous de dire que la preuve par témoins est admise dans plusieurs cas.

Ainsi s'il s'agit d'un intérêt modique, et la loi en fixe le maximum à une valeur de 150 fr., le danger du témoignage ne peut pas être grand et il doit céder devant la gêne intolérable qui résulterait de l'obligation de faire en pareil cas des écrits. Si donc la valeur de l'obligation ne dépasse pas 150 fr., elle pourra être établie par témoins. Au-dessus de cette valeur, il y a nécessité de la constater par écrit, lequel fera seul preuve de la convention, et s'il y a un écrit, que la somme soit d'ailleurs supérieure ou même inférieure à 150 fr., on ne sera point reçu à prouver par témoins contre et outre le contenu en l'acte, ni même ce qui serait allégué avoir été dit avant, lors ou depuis l'acte et cela quelque modique que soit la valeur de la demande. La loi a voulu ainsi donner plus de force aux écrits, et obliger les parties à y consigner leurs conventions entières; d'où il suit que si elles veulent plus tard apporter quelque modification à la convention écrite, elles devront la constater par écrit. Le témoignage toutefois est admissible s'il ne s'agit que d'interpréter l'écrit, de même que s'il est question de prouver l'extinction de l'obligation qui y est consignée, car dans ces cas, loin de prouver contre l'écrit, c'est au contraire en établir ou assurer l'exécution. (Art. 1341).

Pour que la prohibition de la preuve testimoniale soit applicable, il n'est pas nécessaire que l'objet du procès soit en capital d'une valeur supérieure à 150 fr.; elle s'applique dès l'instant que le capital, augmenté des intérêts, excède ce chiffre (art. 1342). Par conséquent c'est au créancier à exiger un écrit dès le moment que sa créance, en capital et intérêts, est supérieure à la somme de cent cinquante francs.

La preuve par témoins est encore interdite dans le cas où la demande, portant d'abord sur une valeur supérieure à 150 fr., le créancier la restreindrait à ce chiffre (art. 1343), et dans le cas où il se bornerait à ne demander qu'une somme de 150 fr., ou une somme moindre, s'il était établi que cette somme était le résidu d'une créance excédant 150 fr. et non prouvée par écrit (art. 1344). Que le créancier supporte les conséquences de son fait, s'il n'a pas pris ses précautions, en exigeant un écrit, quand la loi lui en faisait un devoir.

Il en est de même dans le cas où il a plusieurs créances non constatées par écrit, et quand même elles proviendraient de différentes causes, ou auraient pris naissance en des temps différents, à moins cependant que ces droits ne procédassent par succession, donation, ou autrement, de personnes différentes, par la raison bien simple, qu'en ce dernier cas, on ne saurait imputer au créancier de n'avoir pas exigé un écrit dès l'instant que ses créances réunies se sont trouvées dépasser le taux fixé par la loi pour l'admissibilité de la preuve testimoniale.

Mais il serait facile d'éluder cette prohibition s'il était permis au créancier de diviser sa demande et dans le cas où il aurait plusieurs créances sur la même personne non-justifiées par écrit , de former autant de demandes qu'il aurait de créances distinctes. Aussi , la loi a-t-elle voulu que toutes ces demandes soient formées par le même exploit , sous peine de déchéance pour celles qui seraient formées plus tard séparément. Remarquons au surplus qu'il en est ainsi même quand l'ensemble des demandes serait d'un chiffre inférieur à 150 fr. ; car le législateur s'est proposé encore par cette règle la diminution des procès. Au reste , il va sans dire que cette disposition n'atteint pas les créances nées depuis l'introduction de la demande. Elle ne doit pas s'appliquer non plus à celles qui n'étaient pas encore exigibles à cette époque (art. 1346.)

§ 2. — *Exceptions à la prohibition de la preuve testimoniale.*

Nous avons dit au paragraphe précédent que la preuve testimoniale est admissible quand la demande porte sur une valeur inférieure à 150 fr. , à cause de sa modicité ; elle l'est encore dans les quatre cas suivants :

1o Lorsqu'il existe un commencement de preuve par écrit ; on appelle ainsi tout écrit émané de celui à qui on l'oppose ou de celui qu'il représente et qui rend vraisemblable le fait allégué (art. 1347). Il n'est donc pas nécessaire que l'écrit prouve par lui seul , sans quoi il ferait preuve entière et ne serait pas dès lors un commencement de preuve ; il suffit qu'il rende vraisemblable le fait avancé. Il doit aussi émaner de la personne contre laquelle on veut s'en prévaloir. De simples lettres missives, des déclarations en bureau de conciliation , des réponses dans un interrogatoire sur faits et articles , ou dans une comparution personnelle , des actes sous seing-privé ne portant pas la mention du fait double , ou de *bon* ou *approuvé* , peuvent servir de commencement de preuve par écrit.

2º Lorsqu'il a été impossible au réclamant de se procurer une preuve écrite.

La loi énonce que cette exception s'applique aux obligations qui naissent des quasi-contrats et des délits ou quasi-délits. Elle ne s'appliquera pas pourtant, en fait de quasi-contrats, à l'action en répétition de l'indû ; car, dans ce cas, il ne peut y avoir impossibilité pour le débiteur de retirer une preuve écrite du paiement par lui fait ; mais elle recevra application au cas du quasi-contrat de gestion d'affaires et à tous faits préjudiciables, les uns punissables appelés délits, les autres non-atteints par la loi pénale, désignés sous le nom de quasi-délits, survenus à l'insu ou sans la volonté du créancier et pour la constatation desquels il n'a pas pu dès lors se procurer la preuve écrite.

Cette exception s'applique encore aux dépôts nécessaires, faits en cas d'incendie, ruine, tumulte ou naufrage, et à ceux faits par des voyageurs dans une hôtellerie, tous cas auxquels les juges auront égard à la qualité des personnes et aux circonstances du fait. Elle recevra également application généralement dans toutes obligations contractées en cas d'accidents imprévus où l'on ne pourrait pas avoir fait des actes par écrit.

3º Lorsque le réclamant n'a pas pu conserver l'écrit qu'il a obtenu. Car il peut arriver que le titre soit perdu ou détruit par l'effet d'une force majeure, telle qu'un incendie, une inondation, un pillage, etc.... Mais, dans ce cas, le créancier ne sera dispensé de la représentation de l'écrit qu'à la condition de prouver : 1º qu'il possédait un acte établissant son droit; 2º qu'il a été victime de tel accident qui a fait disparaître son titre. Il est à dire que si l'existence antérieure de l'écrit doit être rigoureusement prouvée, sans néanmoins qu'il soit nécessaire d'en établir toute la teneur; s'il en est de même de l'événement destructif du titre, on devra se montrer moins sévère sur le point de savoir que c'est bien cet événement qui a causé la perte de l'écrit. A cet égard la force même des choses fait qu'on devra se contenter souvent d'une preuve incomplète, pourvu qu'elle satisfasse la conviction du juge.

3

4° Lorsqu'il s'agit de matières commerciales.

En ces matières, en effet, il résulte de l'art. 109 du Code de Commerce qu'il est toujours loisible aux juges d'ordonner, s'ils le jugent à propos, la preuve testimoniale, lors même qu'il s'agit de prouver contre et outre les énonciations d'un écrit.

La nature des affaires commerciales, et la célérité habituelle avec laquelle elles se traitent, ont motivé cette dernière exception.

Remarquons, en terminant ce sujet, que la prohibition de la preuve testimoniale de la manière et dans les cas que nous venons de voir, étant d'intérêt public, ne peut recevoir aucune dérogation par l'effet des conventions des parties.

SECTION III.

*Des présomptions.*

Les présomptions sont des conséquences que la loi ou le magistrat tire d'un fait connu à un fait inconnu (art. 1349), d'où la division des présomptions en présomptions *légales* ou *de droit*, et en présomptions de fait. ou de l'homme.

§ 1er — *Des présomptiovs établies par la loi.*

La présomption légale est celle qui est attachée par la loi à certains actes ou à certains faits.

On peut diviser les présomptions légales en *absolues*, que l'on désigne sous le nom de présomptions *juris* ou *de jure*, et en présomptions simples, qu'on dit être *juris tantùm*. Les premières, comme celles que nous allons examiner sous ce paragraphe, contre lesquelles aucune preuve ne peut prévaloir; les secondes, à l'égard desquelles est admise la preuve contraire. Ainsi, la règle consignée dans les art. 720, 721 et 722, au titre des successions, qui déterminent, par l'âge et le sexe des personnes mortes dans un même événement, l'ordre de décès de ces personnes, est une présomption de cette dernière espèce.

Il est des actes que la loi déclare nuls , comme présumés faits en fraude de ses dispositions, d'après leur seule qualité. Ainsi l'art. 911, par exemple, déclare nulles toutes dispositions au profit des père et mère, des enfants et descendants, et de l'époux de la personne incapable de les recevoir ; c'est une présomption légale.

Il y a encore une présomption légale dans tous les cas où la loi fait résulter de certaines circonstances déterminées la propriété ou la libération. Telle est la prescription ; telles sont aussi les présomptions de mitoyenneté d'un mur, d'un fossé, ou d'une haie.

Mais l'une des présomptions légales les plus importantes , en ce que , comme la prescription , elle intéresse l'ordre social, c'est l'autorité que la loi attribue à la chose jugée. Elle est basée sur ce principe que la chose jugée doit être tenue pour vraie, *res judicata pro veritate habetur* (art. 1350) ; mais il est à dire que l'autorité de la chose jugée n'a lieu qu'à l'égard de ce qui a fait l'objet du jugement ; qu'il faut que la chose demandée soit la même ; que la demande soit fondée sur la même cause, qu'elle existe entre les mêmes parties , enfin qu'elle soit formée par elles et contre elles en la même qualité (art. 1351).

La loi a classé ici parmi les présomptions légales la foi qu'on attache à l'aveu ou au serment ; mais il est évident qu'ils constituent moins des présomptions que des preuves complètes.

La présomption légale dispense de toute preuve celui au profit duquel elle existe et nulle preuve n'est admise contre elle , sauf les cas où la loi a réservé la preuve contraire, c'est-à-dire dans les présomptions légales que nous avons désignées sous le nom de simples (art. 1352).

## § 2. — *Des présomptions qui ne sont point établies par la loi.*

Ces présomptions sont abandonnées aux lumières et à la prudence du magistrat, qui ne doit admettre que des présomptions graves, précises et concordantes , et dans les cas seulement où la loi admet la preuve testimoniale, à moins que l'acte ne soit attaqué pour cause de fraude ou de dol. (Art. 1353).

L'admissibilité en matière civile des présomptions de fait ou preuves circonstantielles, comme les appelle Bentham, n'était pas régie par des principes bien certains dans l'ancienne jurisprudence. Dans l'ordonnance de Moulins on ne repoussait pas les présomptions, mais on ne s'en tenait pas aux règles posées par les jurisconsultes romains, c'est-à-dire qu'on laissait aux juges la faculté illimitée de se décider suivant les circonstances. Pothier dit (*Oblig.* no 849) que les présomptions simples ne forment pas seules et par elles-mêmes une preuve; qu'elles servent seulement à confirmer et à compléter la preuve qui résulte d'ailleurs. Le Code a établi d'une manière précise la valeur des présomptions de fait dans l'art. 1353. Seulement il faut remarquer que les derniers mots de cet article, « à moins que l'acte ne soit attaqué pour cause de fraude ou de dol », pouvaient être supprimés, parce que la preuve testimoniale est toujours admissible au cas de fraude ou de dol, puisqu'il y a eu impossibilité de se procurer une preuve écrite, et que dès lors il suffisait de dire que les présomptions seraient admises, dans tous les cas où la preuve testimoniale est admise elle-même.

Au reste, pour que les preuves circonstantielles puissent déterminer le juge, il faut qu'elles soient graves, précises et concordantes. Ces trois conditions doivent se trouver réunies. Ce n'est pas toutefois que le concours de plusieurs présomptions soit nécessaire, une seule présomption décisive peut suffire, mais s'il existe plusieurs présomptions d'ailleurs graves et précises, il faut qu'elles concordent entre elles, c'est-à-dire qu'elles ne se contredisent point.

En matière criminelle, les présomptions de fait ont une très-grande importance, et en cette matière où la loi ne demande compte aux juges ou aux jurés que de la conviction, elles sont dans tous les cas pleinement admissibles.

SECTION IV.

*De l'aveu de la partie.*

L'aveu est la déclaration par laquelle une personne reconnaît positivement l'existence d'un fait.

L'aveu est extrajudiciaire ou judiciaire. (Art. 1354), selon qu'il est fait ailleurs qu'en présence de la justice ou devant elle.

L'aveu extrajudiciaire ne pourra être établi par témoins que dans les cas où la preuve testimoniale sera admissible (art. 1355); le législateur a voulu par là se conformer à la règle générale de prohibition de cette preuve.

Est-il besoin de dire que l'aveu judiciaire pour être valable doit être fait par la partie capable de s'obliger ou par son fondé de pouvoir spécial; dans ce cas il fait pleine foi, c'est à-dire produit plein effet contre celui qui l'a fait. Il est indivisible ce qui signifie que s'il est complexe il ne peut être divisé ; par exemple si le débiteur, tout en reconnaissant que sa dette a existé, prétend s'être libéré, le créancier ne pourra pas scinder cette déclaration et prendre la première partie pour rejeter la seconde. — Un tel aveu ne prouvera donc point contre le débiteur. — Il ne peut être révoqué, à moins qu'il n'ait été la suite d'une erreur de fait. Il ne pourrait être révoqué sous prétexte d'une erreur de droit.

SECTION V.

*Du serment.*

Le serment est un acte par lequel on affirme la vérité d'un fait, devant Dieu et la justice.

Le serment judiciaire est décisoire ou supplétoire ; le premier est déféré par une partie à l'autre pour en faire dépendre entièrement la décision de la cause ; le second est déféré d'office par le juge à l'une des parties, comme complément d'une preuve incomplète (art. 1357.)

§ 1er. — *Du serment décisoire.*

Le serment décisoire peut être déféré sur quelque espèce de contestation que ce soit (art. 1358.) Celui qui défère ce serment consent ainsi à perdre son procès si l'adversaire le prête ; celui-ci peut le référer lui-même à l'autre partie , qui doit encore succomber si elle refuse (art. 1361.)

Le serment ne peut être déféré que sur un fait personnel à la partie à laquelle on le défère (art. 1359) ; de même qu'il ne peut être référé quand le fait qui en est l'objet n'est pas celui des deux parties, mais est purement personnel à celui auquel le serment avait été déféré ( article 1362.) — Toutefois, la loi permet de déférer le serment à des heritiers sur des faits de leur auteur ; dans ce cas , il doit porter non pas sur le fait lui-même, mais sur le point de savoir s'ils n'ont pas connaissance de ce fait ; c'est là le serment dit *de credulitate* (art. 2275.)

Au reste , le serment peut être déféré en tout état de cause et encore qu'il n'existe aucun commencement de preuve par écrit de la demande ou de l'exception sur laquelle il est provoqué (art. 1360.) Il peut même être déféré sur des faits contraires à des énonciations écrites dans des actes.

Le serment une fois prêté, produit plein effet et on n'est point recevable à en prouver la fausseté (art. 1363.)

Bien plus , la partie qui l'a offert ne peut plus le rétracter quand l'adversaire a déclaré être prêt à le faire (art. 1364.)

Le serment déféré par l'un des créanciers solidaires au débiteur ne libère celui-ci que pour la part de ce créancier. — Le serment déféré au débiteur principal libère les cautions. — Celui déféré à l'un des débiteurs solidaires profite aux codébiteurs , et celui déféré à la caution profite au débiteur principal (art. 1365.)

## § 2. — *Du Serment supplétoire.*

Le serment supplétoire est déféré d'office par le juge ou pour en faire dépendre la décision de la cause, ou seulement pour déterminer le montant de la condamnation. (Art. 1366).

Ce serment ne peut être déféré que sous les deux conditions suivantes :

il faut, 1º que la demande ou l'exception ne soit pas pleinement justifiée ; 2º qu'elle ne soit pas totalement dénuée de preuves. Mais s'il y a preuve complète ou absence entière de preuve, le juge doit ou adjuger ou rejeter la demande. (Art. 1367).

Le juge est le maître de déférer le serment à l'une ou à l'autre des parties : il doit le déférer à celle qui lui inspire le plus de confiance et envers laquelle milite le plus de vraisemblance ; mais la partie à laquelle il l'a déféré ne peut pas le référer à l'autre partie. (Art. 1368).

Quant au serment sur la valeur de la chose demandée, il ne peut être déféré par le juge qu'autant qu'il est impossible de constater autrement cette valeur ; et en ce cas le juge doit même déterminer la somme jusqu'à concurrence de laquelle la partie en sera crue sur son serment. (Art. 1369).

# QUESTIONS.

I. Lorsqu'une créance de plus de 150 fr. se divisant à la mort du créancier entre ses héritiers, se décompose sur la tête de chacun d'eux en créances de moins de 150 fr., ces héritiers peuvent-ils en faire preuve par témoins? — Non. (Art. 1344).

II. Lorsqu'un prêt de 200 fr. a eu lieu et que le débiteur a remis 50 fr. à son créancier avec promesse formelle devant témoins de payer les 150 fr. restant, le créancier peut-il invoquer la preuve testimoniale? — Oui.

III. La reconnaissance d'une dette de somme ou de quantité, signée du débiteur, mais non écrite de sa main, et dans laquelle il n'avait pas mis le *bon* et *approuvé* par l'art. 1326, permet-elle au moins au créancier de prouver la dette par témoins. — Oui.

IV. Le défendeur peut-il consentir à ce que le demandeur prouve par témoins contre lui une créance de plus de 150 fr. — Non.

V. L'emprunteur peut-il prouver l'usure contre le contenu à un acte qui la dissimule? - Oui.

VI. Peut-on confirmer une donation nulle en la forme? —Distinction.

# Droit Commercial.

---

## Des sociétés en général, et en particulier de l'association en participation.

*De l'association en participation.*

### Section I<sup>re</sup>.

§ I<sup>er</sup>. — *Des sociétes en général.*

Les règles générales, en matière de sociétés, sont consacrées par le Code Nap , et doivent s'appliquer aux sociétés commerciales, à moins que l'intention des parties ou la loi n'y ait dérogé.

La société est définie par l'art. 1832 du Code Napoléon : « Un contrat par lequel deux ou plusieurs personnes conviennent de mettre quelque chose en commun, dans la vue de partager le bénéfice qui pourra en résulter. »

Cette définition, qui domine toutes les sociétés sans exception, ne permet pas de confondre la société avec la simple communauté d'intérêts qui s'établit sans contrat, comme, par exemple, dans le cas de succession et autres cas semblables. Elle offre de plus le moyen de distinguer la société de tout contrat ne présentant point les caractères suivants:

4

1º *Concours de deux ou plusieurs personnes.* — La société, en effet, doit être accessible à un nombre indéterminé de personnes : en quoi elle diffère de la communauté de biens entre époux , qui est forcément limitée à deux personnes;

2º *Un apport de la part de chacune des parties* , apport qui peut consister en argent, en industrie, ou en toute autre valeur appréciable;

3º *Un intérêt commun* , c'est-à-dire l'éventualité d'un bénéfice auquel chacune des parties doit prendre part, en commun , dans les proportions déterminées par la convention ou par la loi ;

4º *La vue de bénéfices à réaliser.* — Partager les pertes est, sans doute, une conséquence du contrat de société, mais ce n'en est pas le but;

5º *La vue de bénéfices provenant de la communauté des apports* , obtenus à l'aide de cette exploitation, et *en résultant* , d'après les termes de l'article 1822 du Code Napoléon. On ne peut donc pas appeler, avec raison, des sociétés ces sortes d'associations que l'on nomme *tontines* , dans lesquelles un certain nombre de personnes met chacune une certaine somme , pour que la part des prémourants accroisse celle des survivants ;

6º *L'intention de se mettre en société.* — Dans le cas où les conditions essentielles à la formation de la société manqueraient, l'intention des parties ne pourrait pas y suppléer; mais dans le cas aussi où toutes ces conditions, étant remplies, il serait établi que les parties n'ont pas voulu former une société, c'est leur intention qui prévaudrait.

On distingue, en droit commercial , trois sortes de sociétés :

1º La *société en nom collectif,* dans laquelle les membres sont tous connus , et personnellement responsables envers les tiers des engagements sociaux.

2º La société *anonyme* , dont tous les membres sont inconnus , et affranchis de toute responsabilité envers les tiers.

3º La société *en commandite.* Dans cette société , qui tient à la fois des deux premières , quelques membres sont connus et responsables envers les tiers ; les autres sont inconnus et irresponsables.

Il y a pourtant une quatrième espèce de société, appelée par la loi *association commerciale en participation.* Elle fera la seconde partie du sujet qui nous a été proposé.

## Section II.

### *Ds l'association en participation.*

#### *§ 1. — Caractère de l'association en participation.*

Les sociétés *en nom collectif* et *en commandite* ont pour objet de *faire
le commerce* sous une raison sociale ; l'association commerciale en participation, plus restreinte dans son objet, est seulement *relative à une
ou plusieurs opérations de commerce*, et c'est ce qui la distingue des autres
sociétés et ce qui fait son principal caractère.

Par sa nature même elle devait être et est affranchie, pour sa formation, de toutes formalités. Mais aussi tous les moyens de preuve sont-ils
admis pour en constater l'existence : livres, correspondance, témoignage.
Plus circonscrite que les autres sociétés dans sa sphère d'activité, et en
général formée instantanément entre des personnes de toutes conditions,
elle ne relève pour ainsi dire que de la convention des parties. C'est là
surtout que l'on doit chercher les droits et les rapports des participants.

Quelle que soit la qualification que les parties aient donnée à la convention, c'est aux tribunaux à examiner le caractère qu'elle présente
réellement en elle-même. Ils devront donc reconnaître dans un contrat
une association en participation, non parce que ce contrat aura été ainsi
qualifié, mais parce qu'il présentera le caractère spécial de n'avoir pour
objet *qu'une ou plusieurs opérations commerciales*. Aussi, c'est au moment
où l'on contracte que l'on doit être bien fixé sur la qualification véritable de la convention d'après son objet. C'est d'autant plus nécessaire,
qu'il faut savoir s'il y a lieu d'observer telles ou telles formalités, à
l'omission desquelles est attachée la peine de nullité.

#### § 2. — *L'association en participation forme-t-elle une personne morale ?*

Sur la question de la personnalité des associations en participation les avis sont partagés ; et il ne faut pas s'en étonner , car le Code Napoléon contient des dispositions qui semblent dériver de deux systèmes opposés et se rattacher les unes à la personnalité , les autres à l'impersonnalité des sociétés.

En effet, les art. 1845 , 1846 , 1852 , supposent qu'un associé peut être débiteur *envers la Société* , avoir action *contre la Société*, et ils semblent admettre par là que la société est une personne distincte des associés.

D'un autre côté l'art. 529 du Code Nap. range dans la classe des meubles les actions ou intérêts dans les compagnies de finance , de commerce ou d'industrie, encore que des immeubles dépendants de ces entreprises appartiennent aux compagnies ; et par là il consacre manifestement la personnalité des sociétés, laquelle paraît également présupposée par l'article 59 du Code de Procédure, qui porte qu'en matière de société , tant qu'elle existe, le défendeur sera assigné devant le juge du lieu où elle est établie.

Mais d'un autre côté, en principe, on ne peut admettre l'existence d'un être juridique, qu'autant que la loi elle-même l'a constitué ; car c'est une fiction , et on ne peut pas se contenter , à cet égard , de simples inductions. D'ailleurs, celles qu'on tire des articles 1845 , 1846 , 1852 du Code Nap., 529 du même Code et 59 du Code de Procédure , ne sont pas en elles-mêmes d'une grande valeur.

Pothier, dans son *Traité sur les Sociétés*, ne leur attribue pas non plus ce caractère ; et comme les articles 1845 , 1846 , 1852 du Code Nap. ne sont que la reproduction textuelle de passages de Pothier, il n'y a rien à conclure de ces articles en faveur de la personnalité des sociétés.

Quant à l'art. 59 du Code de Procédure, il détermine le tribunal devant lequel le défendeur sera assigné, mais ne dit pas que c'est la société qui sera assignée, et par conséquent il laisse la question entière. L'art. 529 du Code Nap. peut fort bien ne concerner que les sociétés commerciales ; et c'est même ce que semblent indiquer ces mots : *les actions ou intérêts dans les compagnies de finances, de commerce ou d'industrie*

A cela on peut ajouter que dans le Code Nap. il y a des dispositions très-difficiles à concilier avec la personnalité des sociétés ; tel est, entre autres, l'art. 1849 : « Quand un associé a *reçu sa part* de la créance commune, etc. » Or, si les créances dues à la société appartiennent pour partie à chacun des associés, que devient la personnalité de la société ?

De plus, dans les dispositions sur cette matière, il parait n'y avoir de rapports que d'associé à associé, et non pas des associés à la *société*, que des *associés* à l'égard des tiers, et non pas de la *société* à l'égard des tiers.

Ne faut-il pas conclure de tout cela qu'on a tort d'attribuer aux sociétés civiles le caractère de personnes juridiques, caractère que les jurisconsultes romains, ni Pothier, ne leur ont jamais reconnu ? Et partant ne faut-il pas refuser aux associations en participation une qualité que les premières n'ont pas ?

## § III. — *Rapports des associés entr'eux.*

Les participants ne se réunissent pas pour attirer le crédit, et peuvent agir isolément à l'extérieur. Il n'y a donc ici que des rapports d'assoc é à associé ; et la publication de ce contrat est inutile, car sa formation dépend uniquement des parties contractantes.

Les participants se doivent bonne foi et bienveillance : ils doivent même apporter une activité plus grande que dans les autres sociétés. En effet, dans la société ordinaire on a le temps de choisir son associé et de le connaître. Dans l'association en participation, au contraire, il arrive parfois que l'on n'a sur ses associés que des renseignements imparfaits. En outre, n'est-il pas plus facile de déployer son activité dans une association pour un temps fort limité que pour toute la durée d'une société ordinaire ?

Les associés sont entr'eux responsables des fautes qu'ils commettent.

On s'est demandé si ces fautes sont compensées par la diligence précédente. La Cour de Cassation a décidé l'affirmative. Cependant nous nous croyons en droit de penser le contraire. L'arrêt de la Cour de Cassation serait fondé s'il y avait, dans l'espèce, une *negotiorum gestio*, car le *negotiorum gestor* ne doit rien à celui dont il gère les affaires. Mais, au contraire, le participant s'engage à travailler *dans l'intérêt commun*; la compensation des fautes est donc inadmissible. Telle était, au reste, la décision du jurisconsulte romain qui, dans la loi 26, *pro socio*, a dit : « *Non compensatur compendium cum diligentiâ.* »

### § IV. — *Rapports des participants avec les tiers.*

Les tiers qui auront contracté avec le gérant, *agissant en cette qualité*, auront une action directe et personnelle contre lui; et, de plus (si on admet l'individualité juridique de l'association en participation), ils auront un droit sur le fonds social, comme créanciers de la société; mais ils n'auront nulle action contre les simples participants, qui ne peuvent, sans consentement, être engagés par le gérant envers les tiers. Dans le cas où ces derniers auraient concouru à l'engagement, ils sont tenus personnellement envers les tiers, et même *in solidum*; car, d'après les art. 1861 du Cod. Nap. et 22 du Cod. de Comm., la solidarité est le droit commun en matière de société. Mais la communauté d'action ne se présume point; elle doit être prouvée, soit par les signatures des participants sur l'engagement, soit par d'autres circonstances que les tribunaux apprécieront.

# QUESTIONS.

I. L'association en participation forme-t-elle un être moral? — Non.

II. La faute d'un associé est-elle compensée par la vigilance précédente? — Non.

III. Les participants qui n'ont pas agi avec les tiers peuvent-ils être poursuivis par eux? — Non.

IV. Peut-on voir dans le contrat d'assurance mutuelle une société? — Non.

V. Si le capital social n'excédait pas 150 fr. lors de la formation de la société, ne faudrait-il pas dresser un acte, au moment du moins où les bénéfices réunis au capital viendraient à dépasser ce taux? — Non.

# Droit Administratif.

<hr>

## Comment se divise la juridiction administrative en ce qui concerne la comptabilité.

### 1. — *Aperçu général sur la comptabilité publique.*

La comptabilité publique dans son sens le plus général, embrasse toutes les opérations législatives, administratives ou judiciaires qui aboutissent à un maniement de deniers publics ou à un mouvement de matières dans les dépôts publics.

On peut donc diviser la comptabilité publique :

1o Quant à son objet, en comptabilité deniers et comptabilité matières ;

2o Par rapport à ses agents, en comptabilité législative, administrative et judiciaire ;

3o Par rapport à sa destination, en comptabilité générale et comptabilités spéciales.

Le principe fondamental de la comptabilité deniers est la séparation absolue de l'ordonnateur chargé de délivrer les ordonnances de paiement, et du comptable qui doit recevoir et payer. — Ce principe est applicable à tous les degrés de la hiérarchie.

La *comptabilité législative* embrasse essentiellement le vote général du budget de l'Etat et dans la loi portant réglement définitif du budget du dernier exercice clos.

La *comptabilité administrative* embrasse tous les actes particuliers de comptabilité qui s'accomplissent entre les deux votes législatifs de fixation provisionnelle et de réglement définitif du budget. Elle aboutit aux écritures centrales de la comptabilité générale des finances.

La comptabilité judiciaire est celle qui forme les attributions de la cour des comptes. Elle est ainsi nommée, parce que la cour des comptes remplit d'une manière permanente, dans l'ordre de la comptabilité publique, les fonctions de juridiction et de contrôle que les tribunaux judiciaires sont appelés à exercer en cas de procès, relativement à la comptabilité privée.

Les *comptabilités spéciales*, c'est-à-dire ayant pour but des recettes et des dépenses effectuées sur des fonds spéciaux, sont très nombreuses et très diverses. Les principales sont celles : 1o des départements ; 2o des communes ; 3o des établissements de bienfaisance ; 4o de la caisse des dépôts et consignations ; 5o de la Légion d'Honneur ; 6o de la caisse des invalides de la marine ; 7o des colonies ; 8o des lycées.

L'art. 14 de la loi du 6 juin 1843 prescrivit qu'une ordonnance royale rendue dans la forme des réglements d'administration publique et qui serait exécutoire à partir du 1er janvier 1845, déterminât la forme *de comptabilité* des matières appartenant à l'Etat, dans toutes les parties du service public. C'est en conséquence de cette disposition que fut rendue l'ordonnance du 26 août 1844. C'est cette ordonnance qui régit encore aujourd'hui cette branche de la comptabilité.

Ces grandes divisions une fois faites, entrons dans les détails du sujet que l'on nous propose, et occupons-nous spécialement de la comptabilité administrative.

*II. — Division de la juridiction administrative en ce qui concerne la*
*comptabilité.*

La juridiction administrative se divise en *juridiction gracieuse* et *juridiction contentieuse.*

La *juridiction gracieuse* est exercée par les agents administratifs, lorsqu'ils font acte d'administration active au premier chef. La juridiction gracieuse est le mode d'action du pouvoir gracieux. Cette action se révèle par des actes d'administration plutôt que par des actes de véritable juridiction; ce qui la distingue, c'est qu'il n'y a pas de *chose jugée*, pas plus que de *degrès d'instance.*

D'où nous concluons que 1° les actes de juridiction gracieuse peuvent être rétractés, tant qu'ils n'ont pas donné l'être à un droit acquis ; 2° que les formes qui précèdent l'exercice de cette juridiction , quand elles n'ont pas été tracées par la loi , sont à la discrétion des agents de l'administration ; 3° qu'on peut toujours en appeler de l'administration mal informée à l'administration mieux informée.

*Un intérêt spécial émanant de l'intérêt général, en contact avec un droit*
*privé engendre le contentieux administratif.*

*La juridiction contentieuse* appartient à des tribunaux qui décident. Leurs décisions produisent la chose jugée , et peuvent être exécutées par voie parée.

Cette juridiction n'est point exceptionnelle. Elle connaît non pas seulement des matières dont une loi lui a fait une dévolution , mais des matières dont les principes qui servent à déterminer le contentieux administratif et ceux qui règlent la séparation des pouvoirs , lui attribuent la connaissance. Elle connaît aussi, *par exception*, de toutes celles qui sont, par suite d'un déclassement, renvoyées du pouvoir judiciaire au pouvoir administratif.

La grande division et la juridiction administrative en *juridiction gracieuse* et *juridiction contentieuse*, doit être appliquée en matière de comptabilité.

### 1° Juridiction gracieuse.

PRÉFETS. — 1o *Comptabilité communale.* — Les préfets réglent les budgets des communes dont les revenus sont au dessous de 100,000 francs.
Ils peuvent y inscrire d'office les dépenses obligatoires. Ils approuvent
définitivement les comptes d'administration des maires pour les exercices clos , dans les communes dont le revenu est inférieur à 100,000 fr.
Ils mettent sous la juridiction de la cour des comptes les comptes des
communes dont les revenus précédemment inférieurs à 30,000 fr. , se
sont élevés à cette somme pendant trois années consécutives.

2o *Comptabilité des établissements publics.* Les préfets règlent les
budgets des hospices dont le revenu ordinaire ne s'élève pas à 100,000 fr.
et ceux des bureaux de bienfaisance, quelle que soit la quotité des
revenus. Ils arrêtent les comptes d'administration des commissions administratives des établissements de bienfaisance dont ils règlent le budget.
Ils arrêtent le montant des remises à accorder aux receveurs des hospices et autres établissements de bienfaisance dont ils règlent le budget,
ainsi que le montant du cautionnement de ces comptables. Ils prononcent
dans certains cas leur suppression :

Loi du 18 juillet 1837, ordonnance du 31 mai 1838, art. 435.

Ordonnance du 31 mai 1838 ; ordonnance du 31 octobre 1821 ; ins-
truction du 15 décembre 1826 ; circulaire du 30 mai 1827.

Ordonnance du 6 juin 1830.

MINISTRES. — La comptabilité qui rentre dans la juridiction gracieuse
des ministres se divise en comptabilité générale et en comptabilité
spéciale.

1o *Comptabilité générale.* — Avant le décret du 25 mars 1852 les ministres pouvaient, avant de faire aucune disposition sur les crédits ouverts
pour chaque exercice, répartir, lorsqu'il il y avait lieu, entre les divers
articles de leur budget, les crédits législatifs qui leur avaient été ouverts
par chapitre. Aujourd'hui ils peuvent même compenser les déficits d'un
chapitre par les excédants d'un autre. Le ministre des finances nomme

les agents chargés du maniement des deniers. Il vérifie les comptes du trésorier impérial ;

2º *Comptabilités spéciales.* — Le ministre des colonies approuve les états de dépenses des services militaires des colonies et le projet de budget des recettes et dépenses coloniales, arrêtés chaque année par le gouverneur. Le ministre de la guerre discute et vérifie les budgets annuels des recettes et dépenses de la dotation des invalides de la guerre. Le ministre de l'intérieur approuve définitivement les comptes d'administration des maires pour les exercices clos dans les communes dont le revenu excède 100,000 fr. Il autorise les crédits reconnus nécessaires, après le réglement du budget de ces communes. Le ministre des finances prescrit aux receveurs municipaux l'ordre de comptabilité qu'ils doivent suivre ; révocation des receveurs des hospices et des établissements de bienfaisance ; budget des hospices dont les revenus dépassent 100 mille francs.

Ordonnance du 14 septembre 1822 ; ordonnance du 31 mai 1838 ; ordonnance du 18 novembre 1817 ; ordonnance du 8 juin 1821 ; ordonnance du 7 octobre 1814.

Réglement du 22 août 1837 ; ordonnance du 24 novembre 1824 ; loi du 18 juillet 1837 ; ordonnance du 31 mai 1838 ; décret du 27 février 1811 ; ordonnance du 31 octobre 1821 ; ordonnance du 6 juin 1830.

### 2º Juridiction contentieuse.

MINISTRES. — — En général toutes les questions de comptabilité dans lesquelles le Trésor est intéressé, qui s'élèvent, soit entre un comptable et le Trésor, soit entre comptables, appartiennent à la juridiction contentieuse du ministre des finances.

Ce ministre est compétent directement ou indirectement.

Directement : 1º quand il s'agit d'appliquer les cautionnements des comptables à équilibrer leur débit ;

2º Pour statuer sur toutes les questions qui se rattachent à la responsabilité des comptables envers le Trésor ;

3º Pour ce qui concerne le compte de ceux qui se sont constitués comptables ;

4º Pour ce qui regarde la contestation entre l'administration et les préposés de l'enregistrement et des domaines.

Remarquons que le ministre des finances excéderait ses pouvoirs s'il statuait sur une comptabilité réglée définitivement par la cour des comptes.

Ordonnance du 22 mai 1825. — Ordonnance du 31 mai 1838. — Décret du 12 janvier 1812. — Avis du Conseil-d'Etat du 20 juillet 1808 et 10 mars 1809. — Loi du 16 septembre 1807.

Le ministre de l'intérieur est compétent contentieusement pour ce qui concerne les réclamations des communes dont le budget a été modifié d'office, et le refus du maire d'ordonnancer une dette communale régulièrement autorisée et liquide.

*Conseils de préfecture.* — Par suite d'un déclassement, les conseils de préfecture sont compétents en matière de comptabilité communale pour le règlement des comptes des receveurs municipaux dans les communes dont le revenu n'excède pas 30,000 francs. Leur compétence s'étend dans les mêmes limites aux comptes des receveurs des hospices et établissements de bienfaisance. Ce sont eux aussi qui jugent les les contestations qui peuvent s'elever dans une fabrique sur les comptes des anciens titulaires et d'un nouveau curé.

Loi du 18 juillet 1837 et autres (*Chauveau, tome III, page '975, numéros 1439 et 1440,*)

En matière de comptabilité, nous retrouvons toujours les deux degrés de juridiction administrative.

Le Conseil-d'Etat est le tribunal administratif du second degré.

A ce titre, il doit connaître de l'appel dirigé contre toutes les décisions rendues par les tribunaux inférieurs ; cependant la Cour des comptes a été investie du droit de statuer sur les recours contre certains arrêtés du conseil de préfecture.

*Cour des comptes.*

La juridiction de la cour des comptes ne s'applique pas aux ordonnances. L'art. 18 de la loi du 16 septembre 1807 porte expressément que cette cour ne peut en aucun cas s'attribuer de juridiction sur les ordonnateurs. La juridiction de la cour des comptes ne s'applique pas non plus aux comptables en matières.

Des notions qui précèdent on peut conclure la division suivante de la juridiction administrative en ce qui concerne la comptabilité.

### 1o ORDONNATEURS.

En premier ressort : 1° préfets ; 2o ministres.
En dernier ressort : Conseil-d'Etat.

### 2° COMPTABLES.

*Au-dessous de 30,000 fr. de revenu.*

En premier ressort : Conseils de préfecture.
En dernier ressort : Cour des Comptes.

*Au-dessus de 30,000 fr. de revenu.*

En premier ressort : Cour des comptes.
En dernier ressort : Conseil-d'Etat.

Cette Thèse sera soutenue en séance publique, le 12 janvier 1860, dans une des salles de la Faculté.

*Vu par le Président de la Thèse,*

**CHAUVEAU-ADOLPHE.**

Toulouse, imp. Troyes OUVRIERS REUNIS, rue Saint-Pantaléon, 3.